AF258803

NOTICE

SUR

DENYS PAPIN

SUIVIE DU

PROGRAMME DES FÊTES

DU 29 AOUT 1869.

Prix : 25 centimes

BLOIS

IMP. LECESNE, RUE DU PRINCE IMPÉRIAL

1869

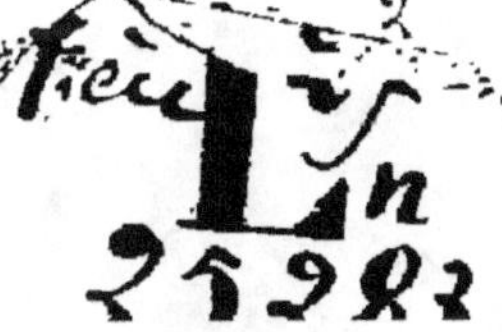

UN MOT AU LECTEUR.

Les quelques pages qui suivent ne sont rien moins qu'un travail original, on s'en apercevra de reste.

Pour rédiger cette courte Notice, que nous avons voulue avant tout parfaitement exacte, et aussi complète que le permettait le cadre étroit dans lequel nous avons dû nous renfermer, nous avons mis à profit tous les documents de quelque valeur qu'il nous a été possible de consulter.

Nous avons puisé particulièrement dans l'*Eloge historique de Denys-Papin*, par le Dr Ducoux, l'*Histoire de Blois*, les *Merveilles de l'Industrie*, par Arthur Mangin, enfin les savantes et consciencieuses *Notices* de l'illustre F. Arago.

Laissant de côté toute préocupation personnelle, n'ayant en vue que l'intérêt du Lecteur, nous avons, le plus souvent, préféré reproduire à peu près textuellement ce qui avait été écrit avant nous, plutôt que de nous exposer à dire moins bien que nos devanciers, par la prétention puérile de dire autrement, nous estimant assez heureux, si cet opuscule peut contribuer, en quelque façon, à populariser le nom d'un homme qui a bien mérité tout ensemble de la science, de sa patrie et de l'humanité.

Blois, ce 22 août 1869.

NOTICE

SUR

DENYS PAPIN

—

Naissance de Denys Papin. — Ses premières études.

Denys Papin est né à Blois, le 22 août 1647, d'une famille honorable, qui compte un certain nombre d'hommes distingués, et qui professait la religion calviniste, fort répandue alors aux bords de la Loire, et principalement dans l'Orléanais et le pays blésois.

Une tradition populaire, dont nous n'osons garantir l'exactitude, veut qu'il ait vu le jour dans une maison située tout en haut de la rue *Pierre-de-Blois*, à l'angle des degrés qui la terminent et de la place Saint-Louis. Cette maison isolée, habitée par Mme veuve Baschet, n'a plus guère conservé de sa curieuse architecture qu'une vieille fenêtre, avec les sculptures, et même les panneaux de l'époque.

L'acte de naissance de notre illustre compatriote existe sur les registres de l'état civil des protestants de Blois, déposés au greffe du tribunal. On ne lira pas sans intérêt ce document authentique, qui restitue en quelque sorte à notre ville une célébrité trop longtemps oubliée :

« Du jeudi vingt-deux aoust mil six cent quarante-sept,

« Denys Papin, fils de Denys Papin,
« receveur général du domaine de Bloys,
« et de dame Magdelaine Pineau, ses père
« et mère, a été baptisé par M. Testard,
« pasteur, et présenté au baptême par M.
« Isaac Papin, aussi receveur général du
« dict domaine, et dame Fidelle Turmeau.

« Signé au registre : Papin, Fidelle
« Turmeau, Papin et Paul Testard. »

L'époque où parut Denys-Papin, le milieu dans lequel il fut appelé à vivre étaient des plus favorables au développement des sciences naturelles. Il s'opérait en effet une révolution marquée dans les idées et les tendances des espiits. L'attention, bornée jusque là à l'étude des auteurs classiques et à la logique de l'école, commençait à se tourner vers les mathématiques et les sciences expérimentales.

Les jésuites, aloıs en possession de l'éducation publique à Blois, donnaient, dans leur plan d'études, une large place à la physique ; et les protestants, qui vivaient en bonne intelligence avec leurs compatriotes, ne se faisaient aucun scrupule de fréquenter leurs colléges. Il y a tout lieu de croire que Papin profita de leurs leçons.

Il se rend à Paris. — Ses relations avec le célèbre Huyghens.

Quoi qu'il en soit, le jeune Denys étudia la médecine, à l'exemple de plusieurs membres de sa famille, et, après avoir pris le grade de docteur, il vint à Paris, vers 1674. Là, son goût pour l'étude, et spécialement pour la physique expérimentale, le mit en rapport avec plusieurs savants, et notamment avec le célèbre Huyghens, que Colbert avait appelé des premiers à faire partie de l'*Académie* qu'il venait de fonder, en lui offrant une pension considérable, et un logement dans la bibliothèque même du roi.

Admis dans l'intimité de ce maître illustre, qui l'associa à ses travaux et à ses recherches scientifiques, le jeune physicien, qui n'avait pas encore vingt-quatre ans, obtint la faveur de loger, avec le savant hollandais, dans la bibliothèque royale ; faveur qu'il dut sans doute, en grande partie, à la protection de Mme Colbert, native du Blésois, et femme d'un grand mérite, à qui, selon Bernier, une infinité de gens de ce pays devaient leur fortune.

Premier ouvrage de Denys-Papin. — Il va en Angleterre.

Les propriétés de l'air, les phénomènes atmosphériques fixaient, à cette époque, l'attention des savants. Aussi voyons-nous que le premier ouvrage publié par Papin, en 1674, avait pour titre : *Nouvelles expériences du vuide, avec la description des machines qui servent à les faire.* L'auteur avait alors vingt-sept ans.

Dès le commencement de l'année suivante, Papin quitta Paris et passa en Angleterre, où il trouva un protecteur et un ami précieux dans le célèbre irlandais Robert Boyle, à qui il avait présenté son ouvrage, et qui, du premier coup d'œil, ayant su apprécier les rares dispositions du jeune physiciens blésois, fit pour lui ce qu'avait fait Huyghens, c'est-à-dire, le mit de moitié dans ses études, et, cinq ans plus tard, le 16 décembre 1680, le fit admettre, comme membre titulaire, à la Société royale de Londres, qu'il venait de fonder ; hommage d'autant plus flatteur, que sa qualité d'étranger excluait tout soupçon d'intrigue ou de faveur.

Le Digesteur ou Marmite de Papin.

Ce fut pendant son séjour en Angleterre et son association avec Boyle, que Papin fit ses premières expériences sur les propriétés de la vapeur d'eau bouillante, et qu'il inventa son premier appareil, fondé sur ces propriétés. Cet appareil, qui figure encore dans la plupart des cabinets de physique, sous le nom de *Marmite de Papin*, fut appelée par lui : *Nou-*

veau *Digesteur* (*New Digester*). Il en expliqua la construction et l'emploi dans une brochure publiée en anglais, et présentée à la Société royale de Londres, le 26 janvier 1681, sous ce titre : *Le Digesteur, ou manière d'amollir les os, et de faire cuire toutes sortes de viandes, en fort peu de temps et à peu de frais.*

Cet appareil de Papin était une simple marmite, hermétiquement fermée, dans laquelle la vapeur, se trouvant comprimée, pouvait s'élever à une très haute température, et cuire en quelques instants des viandes et d'autres aliments.

Cette marmite, — et c'est à ce titre qu'elle mérite attention, — avait été munie par son inventeur d'un des organes les plus importants de nos *générateurs* actuels, la *soupape de sûreté*, destinée à prévenir les explosions.

Lorsqu'il imagina et contruisit son digesteur, Papin sans doute ne songeait point encore à utiliser, comme force motrice, la tension élastique de la vapeur. Il n'avait en vue qu'un but d'économie domestique de l'ordre le plus vulgaire : c'était un *pot-au-feu*, rien de plus. Il est juste toutefois d'observer que, dans son premier essai de perfectionnement des machines à vapeur, Watt a mis à profit l'idée du digesteur de Papin : ce qui montre l'importance de cet appareil par rapport aux machines mues par la vapeur d'eau.

Voyage en Italie. — Retour en Angleterre.

Papin quitta l'Angleterre, le 1er mars 1681, pour se rendre à Venise, afin de prêter son concours aux travaux d'une nouvelle académie des sciences naturelles, que le sénat de cette ville venait d'y fonder. Il y séjourna vingt-neuf mois, qu'il employa à des expériences de physique, de chimie et de mécanique, et à de nouvelles applications de sa machine.

Ce fut dans ce voyage qu'il passa par Paris, où il revit son ancien maître et ami, le célèbre Christian Huyghens, pour qui il conserva toujours une vénération affectueuse.

Papin avait quitté Londres, où il pouvait espérer un bel avenir, pour aller, sur la foi de brillantes promesses, s'établir à Venise. Après avoir passé moins de trois ans dans cette dernière ville, déçu des espérances qu'on lui avait fait concevoir, il revint en Angleterre. au commencement de l'année 1684. Son absence, paraît-il, avait indisposé contre lui ses anciens amis ; et tout ce qu'il put obtenir fut une pension de trente livres (750 fr.) par an, moyennant laquelle il se chargeait d'exécuter les expériences ordonnées par la Société royale, et de copier sa correspondance.

Durant ce second séjour à Londres, il reprit l'étude du problème qui préoccupait alors le monde savant : celui des applications mécaniques de la pression de l'atmosphère, et il crut pouvoir le résoudre, en prenant pour moteur la machine pneumatique elle-même. Il présenta, en conséquence, à la Société royale, le projet d'une machine : *pour transporter au loin la force des rivières.* C'était un long cylindre métallique, dans lequel on faisait le vide, à l'aide de deux corps de pompe, dont les pistons étaient mis en jeu par une chute d'eau. Le cylindre lui-même était parcouru par un piston, qui, chassé violemment par la pression extérieure de l'air, devait servir à transporter des poids, à puiser de l'eau, etc.

Cet appareil reposait, comme on le voit, sur le même principe que les *chemins de fer atmosphériques,* dont on a tenté, sans grand succès, l'établissement, il y a peu d'années. Il fut exécuté et expérimenté ; mais ses effets n'ayant pas entièrement réalisé les promesses et les espérances de l'inventeur, l'entreprise n'eut pas d'autre suite, et Papin en fut encore pour ses frais.

Denys Papin professeur à l'Université de Marbourg.

A bout de ressources matérielles, et ne pouvant vivre avec sa maigre pension, le pauvre physicien se trouvait dans une position précaire, lorsqu'en 1687, le landgrave Charles de Hesse lui fit offrir une chaire de mathématiques à l'Université de Marbourg. Bien que cet emploi ne fût guère en rapport avec ses études antérieures, il se trouva heureux de l'accepter, et quitta de nouveau Londres, d'où il n'emporta autre chose que quatre exemplaires de l'*Histoire des Poissons* ; témoignage de satisfaction qui lui fut décerné par la Société royale, dont il n'avait cessé d'être un membre actif, depuis 1684.

Première machine à vapeur.

A peine installé dans sa nouvelle résidence, Papin se hâta de reprendre le cours de ses recherches scientifiques· Toujours acharné à la poursuite du même but, il revint alors à la machine à poudre de son ancien maître Christian Huyghens. Il la modifia, en y introduisant quelques-unes des dispositions de sa machine pneumatique, et en publia une description détaillée dans les *Actes des érudits* de Leipsick, de l'année 1688. Malgré les améliorations importantes qu'il y avait introduites, ce dernier appareil fut assez vivement critiqué par les physiciens. Papin lui-même en reconnut les défectuosités, et, pour y remédier, il chercha de nouveau un agent capable de remplacer avec avantage la poudre à canon.

Ce fut alors que lui vint enfin l'idée d'employer la vapeur d'eau, pour faire le vide dans le cylindre et soulever le piston, que la pression atmosphérique devait faire retomber. Le mémoire qu'il rédigea sur ce sujet, et qui fut inséré, comme le précédent, dans les *Actes des érudits*, au mois d'août 1690, porte pour titre : *Nova methodus ad vires motrices validissimas levi pretio comparandas ; Nouvelle méthode pour obtenir à peu de frais des forces motrices très-puissantes.*

C'est là l'œuvre capitale de Denys Papin, celle qui doit rendre son nom glorieux et désormais impérissable à travers la suite des âges, en le plaçant au premier rang parmi les bienfaiteurs de l'humanité, en lui assignant à jamais, et d'une manière irrécusable, la priorité dans l'invention des machines à vapeur. On trouve, en effet, dans ce mémoire, la description la plus méthodique et la plus claire de la machine à feu connue sous le nom de *machine atmosphérique*, et même celle des *bateaux à vapeur.*

Derniers ouvrages et dernières années de Denis-Papin.

Quelques années plus tard, Papin consigna ses principales découvertes dans un ouvrage qui porte la date de 1695, et qui parut simultanément, en latin, à Marbourg, en français, à Cassel, sous ces titres : *Fasciculus dissertationum,* etc. *Recueil de diverses pièces touchant quelques nouvelles machines.*

Papin avait réuni dans ce volume, avec des corrections et des additions importantes, la plupart des Mémoires qui avaient déjà paru dans les journaux et les collections scientifiques.

Cette publication, dit le docteur Ducoux, qui, jointe au Mémoire de 1690, constitue les droits principaux de Papin à la reconnaissance des peuples et à l'admiration des savants, confirme tellement l'invention de notre immortel compatriote, que les écrivains étrangers qui lui disputent cette gloire ont feint d'en ignorer l'existence ; car il n'est guère admissible que tous l'aient méconnue, ou du moins involontairement omise, puisqu'elle se trouve reproduite, ou du moins analysée, dans les *Transactions philosophiques* de 1697.

Papin resta à Marbourg jusqu'en 1707, sous la protection du prince éclairé qui l'avait appelé dans ses Etats, et lui avait donné le titre de conseiller; jouissant d'ailleurs de l'estime d'un grand nombre de seigneurs allemands, qui se montraient empressés de recevoir ses leçons.

Durant ces vingt ans de résidence en Allemagne, il fut constamment occupé à réaliser une grande variété d'expériences et de découvertes, dont la plus importante, assurément, est celle des *bateaux à vapeur*.

Premier bateau à vapeur.

On n'a malheureusement aucune donnée, aucun renseignement précis sur les circonstances qui le conduisirent à appliquer aux navires la machine dont il était l'inventeur, non plus que sur la manière dont il tenta de réaliser cette application.

Ce que l'on sait, de science certaine, d'après une correspondance authentique, publiée récemment par M. le professeur Kuhlmann, de Hanovre, c'est que Papin, lorsqu'il résidait encore dans le duché de Hesse, construisit un bateau muni d'une machine qui mettait en mouvement des palettes faisant office d'avirons.

Ce bateau fut essayé sous les yeux du landgrave, et réussit assez bien pour que Papin crût pouvoir fonder sur cette invention les plus belles espérances. N'obtenant

point pourtant du prince les encourage-
ments et l'assistance dont il avait besoin,
il résolut de quitter l'Allemagne, avec son
bateau, pour retourner en Angleterre, où
il pensait que son nouveau système de na-
vigation serait mieux accueilli. A cet effet, il s'embarqua sur *la Fulda*, comptant
gagner la mer du Nord par le Weser.
Mais, à Münden, en Hanovre, les bate-
liers du Weser ayant prétendu lui inter-
dire le passage, ou ne le lui laisser libre
que moyennant un péage exorbitant, il
s'ensuivit, entre lui et ces méchantes gens,
une discussion, à la suite de laquelle son
bateau et sa machine furent brutalement
mis en pièces.

La correspondance à laquelle est em-
prunté ce récit, et que nous regrettons de ne
pouvoir reproduire ici *in extenso*, est dou-
blement curieuse, puisque, outre les détails
qu'elle donne sur cette triste aventure de
notre infortuné compatriote, elle témoi-

gne des bons rapports qui existaient entre lui et le célèbre philosophe et mathématicien G.-W. Leibnitz, auquel il avait inspiré une haute estime et un vif intérêt, comme à la plupart des savants illustres de son temps.

On peut affirmer, sans faire injure à la mémoire de Papin, qu'il se trompait sur la valeur de sa machine nautique, et sur la possibilité de l'adapter à de grands vaisseaux. Mais ce n'en est pas moins à lui que reviennent le mérite et l'honneur d'avoir émis, *le premier*, et tenté de faire passer dans la pratique une idée qui devait amener, un siècle plus tard, d'immenses résultats. Ses essais, au surplus, malgré le triste dénouement qui ne lui permit pas même de les achever, ne demeurèrent pas stériles. Il avait posé le problème ; et les inventeurs qui, avec des données bien plus complètes et des ressources bien plus grandes, échouèrent comme lui dans leurs projets et leurs tentatives, attestent que l'insuccès de leur illustre et infortuné devancier doit être attribué, non à l'insuffisance de son génie, mais à des causes plus fortes que l'intelligence et la volonté humaines.

Mort de Papin. — Son génie, son caractère.

Le dernier ouvrage de Papin parut à Francfort, en 1707, sous ce titre : *Nouvelle manière pour élever l'eau par la force du feu, mise en lumière*. Après cette publication, il paraît avoir passé en Hollande, à la suite de dissentiments survenus entre lui et quelques personnages puissants de Marbourg, et de là en Angleterre, où il se remit, pour la troisième fois, au service de la Société Royale de Londres ; service très peu lucratif, dont les émoluments suffisaient à peine à ses besoins. Il mourut donc, selon toute probabilité, dans un état voisin de la misère , vers l'année

1715, à l'âge de 68 ans. De précieux documents, récemment découverts par le docteur Bunsen, successeur de Denys-Papin à la chaire de physique de Marbourg, fixent à cette date la mort du physicien blésois, que F. Arago place en 1710.

Papin était né inventeur : la destinée qui semble s'être acharnée sans relâche contre lui, les circonstances qui rendirent stériles ses plus belles conceptions, la misère, la persécution, rien ne put étouffer en lui cette ardeur de découvrir, ce besoin de créer, qui firent à la fois son malheur et sa gloire.

Papin eut constamment en vue le progrès de la civilisation matérielle par la science : c'est là l'un des traits dominants de son caractère. Il dévouait sa vie à la découverte des secrets de la nature, afin d'augmenter le bien-être de ses semblables.

Un second trait, non moins estimable,

et qui pourtant est peut-être l'une des causes qui ont le plus nui, sinon à la mémoire, au moins à la renommée de notre illustre compatriote, c'est son extrême modestie ; et l'historien anglais Robert Stuart a raison, quand il dit que : « de « tous les savants qui ont publié des dé- « couvertes, Papin est le seul qui n'ait « pas préconisé les sciences avec empha- « se. »

Papin vécut et mourut pauvre. On se sent le cœur navré, en lisant dans sa correspondance des lignes comme celle-ci : « Je suis maintenant obligé de mettre mes « machines dans le coin de ma pauvre « cheminée.» Cette pauvreté même, plutôt que « le besoin de changement et l'hu- « meur vagabonde, » dont on l'a accusé un peu légèrement, fut une des causes qui le rendirent si peu sédentaire. L'a- mour d'une science utile à ses semblables l'occupait tout entier. Poussé par son es-

prit d'investigation, il allait frapper de
son bâton de voyage à la porte des labo-
ratoires, qui s'ouvraient devant le noble
exilé. Content du strict nécessaire, avec
62 francs par mois, il consumait ses veil-
les à la découverte des secrets de la nature, se dévouant ainsi à l'émancipation
intellectuelle des générations futures.

La fatale révocation de l'édit de Nantes,
dit encore M. le Dr Ducoux, lui avait fer-
mé sans retour les portes de la France.
Papin proscrit ne voulut plus adopter de
patrie. Il fut donc errant, fugitif, ayant
pour toute consolation le témoignage de
sa conscience, et pour unique ressource
son savoir. C'est donc dans les collections
étrangères qu'il faut chercher ses titres
de gloire. Ses principaux ouvrages furent
publiés au-delà du Rhin, et c'est dans un
douloureux exil qu'il jouit momentané-
ment du bien dont les hommes d'étude

sont le plus jaloux, la tranquillité d'esprit.

Son éloquent défenseur, son historien et son panégyriste, M. F. Arago, qui a si bien mis en lumière le mérite et les découvertes du physicien blésois, s'étonne avec raison que l'Académie des sciences n'ait pas admis dans son sein un homme de cette valeur. Et il ajoute cette réflexion mélancolique, qu'une triste expérience est venue trop souvent confirmer :
« L'homme de génie est toujours mécon-
« nu, quand il devance trop son siècle,
« dans quelque genre que ce soit. »

Auguste MILLOT.

VILLE DE BLOIS

—

FÊTES ANNUELLES

DE

DENYS PAPIN

PREMIÈRE ANNÉE

Dimanche 29 Août 1869

PENDANT LA FOIRE.

—

Transport par chemin de fer à prix réduits :
40 °/₀ de rabais,
du 25 au 29 août inclusivement.

—

Le projet de la STATUE DE DENYS PAPIN

sera figuré
au sommet de l'escalier monumental

PROGRAMME :
A midi :

COURSE DE VÉLOCIPÈDES

SUR LA PLACE DENYS PAPIN

1° *Prix Denys Papin.*
1er prix, 150 fr ; — 2e, 80 fr.
2° *Prix de Blois.*
1er prix, 100 fr. — 2e, 60 fr.
3° *Prix du Commerce.*
1er prix, 100 fr.; — 2e, 60 fr.

A 2 heures :

MAT DE COCAGNE

SUR LA PLACE DU CHATEAU.

Prix divers, consistant en pièces d'argenterie, etc.

—

A 3 heures :

RÉGATES

SUR LA LOIRE, EN AVAL DU PONT.

1re *Course à 4 Rameurs.*
Yoles et Funneys.
1er Prix, 300 fr. — 2e Prix, 100 fr.

2ᵉ Course à 2 rameurs.

Yoles et Funneys
1ᵉʳ Prix, 100 fr. — 2ᵉ Prix, 50 fr.

3ᵉ Course à 1 Rameur.

Funneys.
1ᵉʳ Prix, 50 fr. — 2ᵉ Prix, 25 fr.

4ᵉ Course à 4 Rameurs.

Embarcations de Plaisance.
1ᵉʳ Prix, 50 fr. — 2ᵉ Prix. 25 fr.

5ᵉ Course de Perissoires.

A 1 Pagayeur debout ou assis.
Prix, 25 fr.

6ᵉ Course à la Bourde.

Fournie par les mariniers.
1ᵉᵒ Prix, 80 fr. — 2ᵉ Prix, 40 fr.

Pendant les régates, la musique du 9ᵉ de ligne
exécutera divers morceaux d'harmonie.

A 7 heures et demie :

FÊTE VÉNITIENNE

Des morceaux d'harmonie
seront exécutés pendant la fête par la musique
de la ville.

Les canotiers sont invités à pavoiser et à illuminer leurs embarcations.

ILLUMINATION GÉNÉRALE

Pavoisement et Décoration

DE LA RUE DU PRINCE-IMPÉRIAL ET DE L'ESCALIER
MONUMENTAL.

Les habitants sont invités à pavoiser et à illuminer leurs maisons.

—

A 9 heures :

GRAND FEU D'ARTIFICE

SUR LA LOIRE,

Par RUGGIERI, artificier de l'Empereur.
Pendant toute la soirée :

Effets de Lumière électrique

SUR DIVERS POINTS DE LA VILLE.

—

A 10 heures :

GRANDE RETRAITE AUX FLAMBEAUX

Par la musique du 9ᵉ de ligne.

—

[illegible]
[illegible]
[illegible]
[illegible]
[illegible]
[illegible]
[illegible]
[illegible]
[illegible]
[illegible]
[illegible]
[illegible]